Tanja Rhyn Zbinden

Unerwartete Hilfe für Sabi

Leben mit einer chronischen Erkrankung

blue bubble

Verlag: Blue Bubble GmbH, Utzenstorf
Umschlaggestaltung und Satz: Blue Bubble GmbH, Utzenstorf
Herstellung: BoD – Books on Demand, Norderstedt
1. Auflage 2018

ISBN 978-3-952445433
www.bluebubble-verlag.ch

Sabi hiess ja eigentlich Sabine, aber niemand nannte sie so. Sabi war acht Jahre alt und sie war das erste Mal im Spital.

Sie hatte einen Bruder namens Sämi und er war kerngesund. Sabi war froh darüber, denn diese Bauchschmerzen, die sie selber hatte, wünschte sie niemandem. Auch nicht ihrem kleinen Bruder, obwohl er manchmal ganz schön nervte.

Die Ärzte hatten Sabi gesagt, dass diese Bauchschmerzen sie durch das ganze Leben begleiten würden, manchmal mehr und manchmal etwas weniger. Den Namen der Krankheit hatte sie sich nicht gemerkt. Von so einer doofen Angelegenheit wollte sie den Namen auch gar nicht wissen.

Sabi war traurig, auch für ihre Eltern, denn diese hatten Tränen in den Augen, als der Doktor ihnen erzählt hatte, dass diese Krankheit nie mehr verschwinden würde. Sabi mochte es gar nicht, wenn ihre Eltern traurig waren, darum lächelte sie tapfer. Die Ärzte und Pflegefachfrauen waren sehr lieb zu ihr. Zudem hatte Sabi ja auch noch ihren Bären Padi, der irgendwann einfach auf ihrem Spitalbett gelegen hatte.

Manchmal, wenn die Bauchschmerzen gross waren, drückte sie ihren Padi ganz fest, da ihre Eltern nicht immer im Spital sein konnten, um Sabi zu trösten.

Eines Abends, als Sabi wieder heftige Bauchschmerzen hatte und ihren Padi fest an sich drückte, hörte sie plötzlich eine Stimme: „Drück nur fest zu, das tut mir nicht weh. Ich bin ja aus Plüsch." Sabi schaute sich um. Was war denn jetzt los? Es war doch gar niemand im Zimmer!

Als sich der nächste Bauchkrampf bemerkbar machte, drückte sie erneut ihren Bären Padi und hatte dabei das schöne Gefühl, dass ihr das helfen würde. Irgendwie vergass sie den Schmerz in ihrem Bauch. Sie hörte die Stimme wieder. „Gut so, es wird dir bestimmt bald wieder besser gehen!"

Sabi schaute ihren Padi verdutzt an und dieser blinzelte ihr zu. „Du kannst sprechen?", fragte Sabi. „Ja", sagte Padi und dabei verzog er seinen Mund zu einem breiten Lächeln. „Ich bin dein Freund und ich werde dir helfen, wenn es dir nicht gut geht, liebe Sabi! Willst du mich denn als Freund?" Sabi nickte und lachte, hob die Arme in die Luft und rief laut: „Jupi!". Natürlich wollte sie Padi als Freund. Wer hatte schon einen liebevollen und sprechenden Teddybären?

Gemeinsam verbrachten die beiden Freunde die nächste Stunde. Sie hatten einander so viel zu erzählen und immer, wenn sich ein neuer Bauchkrampf bemerkbar machte, durfte Sabi ihren Bären ganz fest drücken.

Als die Pflegefachfrau ins Zimmer kam und das Licht löschte, nahm Sabi ihren Padi in den Arm, drehte sich auf die Seite und schlief glücklich ein.

Die Tage im Spital vergingen mit Padi wie im Fluge und Sabi ging es mit der Hilfe von Medikamenten jeden Tag besser. Am Ende der zweiten Woche durfte Sabi nach Hause. Padi kam natürlich mit.

Am Montag ging es Sabi so gut, dass sie wieder zur Schule gehen konnte. Sie freute sich auf ihre Freundinnen und Freunde. Jeden Abend erzählte Sabi ihrem Padi, was sie alles erlebt und gelernt hatte und ihr Bär freute sich mit ihr.

Padi blieb weiterhin an Sabis Seite, denn es geschah immer wieder, dass Sabi Bauchschmerzen hatte. Manchmal waren diese wochenlang verschwunden und plötzlich waren sie wieder da. Sabi war froh um ihren Bären, denn manchmal wollte sie ihren Eltern nicht erzählen, dass sie wieder Bauchschmerzen hatte. So erzählte sie es lieber ihrem kleinen Plüschfreund.

Natürlich bemerkten die Eltern trotzdem, dass ihre Tochter Schmerzen hatte und manchmal stundenlang auf der Toilette sass. Aber sie merkten auch, dass Sabi mit ihrem Padi sehr gerne zusammen war, denn dieser begleitete sie auch auf die Toilette. Manchmal hörten sie ihre Tochter leise mit ihm sprechen und oft hörten sie auch eine Antwort, aber sie dachten, dass Sabi dabei nur ihre Stimme verstellen würde.

In einer Nacht, als Sabi von besonders grossen Bauchschmerzen geplagt wurde, geschah etwas Besonderes.

Padi fragte Sabi: „Soll ich dir etwas zeigen? Willst du mit mir kommen?“ Sabi nickte, denn alles war besser als diese Schmerzen im Bauch. Da rief Padi laut: „Pandoraextremium!“ Plötzlich packte ein Windstoss die beiden Freunde und trug sie durch einen Wirbel voller Farben an einen Ort, den Sabi noch nie gesehen hatte.

Sabi schüttelte ihren Kopf. Träumte sie? Nein, sie schien nicht zu träumen, denn sie konnte das Gras berühren, das am Boden lag. Diese Grashalme waren so unglaublich grün, wie sie es noch gar nie gesehen hatte. Eigentlich war alles hier sehr farbintensiv. Als Sabi sich nach Padi umdrehte, lächelte er sie stolz an. Hier in diesem Land war er sogar um einige Köpfe grösser als Sabi. Sie staunte und öffnete den Mund, um ihn etwas zu fragen, aber Padi kam ihr zuvor und sagte: „Willkommen in meiner Welt, im Land der Bären! Hier komme ich her und von hier aus wurde ich zu dir geschickt, um für immer dein Freund zu sein. Komm, ich zeige dir mein Zuhause!“ Er nahm ihre Hand und zog sie in die Richtung eines kleinen Dorfes.

In diesem Dorf gab es unglaublich viele Baumhäuser. Manche wurden direkt in die Baumstämme hineingebaut, andere thronten hoch über den Baumkronen. Das ganze Dorf bestand aus Bären in allen Grössen und Farben. Alle schauten fröhlich aus und manche hatten wie Padi ein Kind dabei.

Sabi staunte. Sie fragte Padi, ob das andere kranke Kinder wären. Padi bejahte und erklärte ihr, dass seine Bärenfreunde von Geburt an darauf vorbereitet wurden, einem Kind in Krankheit zur Seite zu stehen, ihm Freude zu bringen und es zu unterstützen. Sabi fand das wunderschön. Eigentlich war sie in diesem Moment recht glücklich mit ihrer Krankheit. Den lieben, sprechenden Bären als Freund zu haben, war wunderbar. Sie drückte Padis Pfote ganz fest. Er zwinkerte ihr zu und sagte: „Los, komm Sabi!“, dabei lächelte er freundlich.

Es war einfach unglaublich im Land der Bären. Es gab Baumspielplätze mit riesigen Schaukeln, die ganz oben in den Bäumen befestigt worden waren und viele Rutschbahnen voller Kurven, damit die Fahrt möglichst lange dauerte. Überall lebten diese freundlichen Bären. Das Besondere war, dass die Kinder hier keine Schmerzen fühlten und alle sehr glücklich aussahen.

Auch Sabi war glücklich hier. Sie lernte einen Jungen kennen, der auch oft Bauchschmerzen hatte. Sie fühlte augenblicklich, dass sie mit ihm gut auskommen würde. Es war schön, jemanden zu kennen, der diese Bauchschmerzen ebenso kannte. Er hiess Jens und sein Bär hiess Japsi. Gemeinsam probierten sie alle Schaukeln und Rutschbahnen aus. Sie hörten Geschichten von den lustigen Bärenopas, die nicht mehr so viel zu tun hatten. Ihre Kinder waren bereits erwachsen und brauchten sie nicht mehr so oft. Sie machten Musik auf grossen und kleinen Trommeln und assen feine Pfannkuchen bei den lustigen Bärenomas. Sie liessen sich knuddeln und verwöhnen. Es war ein grosses Vergnügen.

Kurz bevor die Sonne aufging, verabschiedeten sich Padi und Sabi von Jens und Japsi. Padi nahm Sabi an der Hand und sagte dabei: „Pandoraextremium!“ Schon reisten sie zurück und Sabi landete mit ihrem Bären, der nun wieder klein war, sanft in ihrem Bett. Das war ein Erlebnis! Sabi strahlte vor Glück. Die Schmerzen waren vergessen.

Von Zeit zu Zeit reisten Padi und Sabi ins Land der Bären, immer dann, wenn Sabi starke Bauchschmerzen hatte. Manchmal waren auch Jens und Japsi dort. Dann fand es Sabi besonders toll im Land ohne Schmerzen, wie sie es nannte.

Jens konnte unglaublich gut Geschichten erzählen und Sabi, Padi und Japsi hörten ihm sehr gerne zu. Immer, wenn sie sich im Bärenland trafen, hatte er sich wieder eine neue Geschichte ausgedacht. Jens wurde Sabi ein sehr guter Freund, den sie nie wieder verlieren wollte.

Damit Jens und Sabi auch ohne Bauchschmerzen in Kontakt bleiben konnten, fingen sie an, miteinander zu telefonieren, zu schreiben und zu chatten. In der Zwischenzeit hatten sie die E-Mail-Adressen und Telefonnummern ausgetauscht und konnten so jederzeit miteinander reden, obwohl sie mehr als 200 km weit auseinander wohnten. Es war so schön mit jemandem zu sprechen, der genau wusste, wie schlimm es war, wenn man nicht wie all die anderen Kinder jeden Tag herumtoben und spielen konnte.

Dank der Hilfe von Padi, aber auch durch die Freundschaft zu Jens, konnte Sabi ihre Krankheit immer besser akzeptieren. Nun wusste sie auch den Namen ihrer Krankheit und auch jenen von Jens Krankheit. Manchmal war das Ganze zwar echt mühsam und machte Sabi auch Angst. Aber es war schön, das Land der Bären zu kennen. Ihr war nie mehr langweilig, wenn sie krank daheim war, denn sie hatte ja ihren Padi, ihren guten Freund Jens und dessen Bären Japsi. Ausserdem hatte sie angefangen, Bücher über ihre Krankheit zu lesen und sich selber zu informieren, ob es bald ein Heilmittel dagegen geben würde.

Sabi und Jens verbrachten viele gemeinsame Stunden im Bärenland und beim Chatten. Sie beschlossen, dass sie später, wenn sie einmal gross waren, etwas gegen diese Krankheit unternehmen würden. Sabi wollte Forscherin werden und Jens wollte Geschichtenschreiber werden. Einerseits hatte er die Idee, die vielen Abenteuer im Bärenland für andere Kinder aufzuschreiben. Andererseits wollte er neue Geschichten erfinden, um kranke Kinder abzulenken und ihnen etwas Freude ins Leben zu bringen, so wie es Padi und Japsi für ihn und Sabi taten.

Vielleicht wirst du einmal von einer Forscherin namens Sabi hören. Wer weiss? Oder du liest eine neue Geschichte über ein Land ohne Schmerzen, Drachen, die das Bärenland bedrohen oder Einhörner im Bärenland! Dann weisst du bestimmt, von wem die Geschichten sind.

Nachwort der Autorin:

Meine grosse Liebe gilt den Kindern. Ich mag ihre Ehrlichkeit, ihren Witz und ihr offenes Herz. Es tut mir im Herzen weh, wenn Kinder krank sind und Dinge erleben, die sie gar nicht erleben dürften, denn in meinen Augen sollten sie einfach glücklich sein, in ihrer Welt geschützt und beschützt aufwachsen dürfen.

Da ich selber eine Krankheit namens Colitis ulcerosa habe, weiss ich, wie viel Leid eine solch einschneidende Veränderung bringen kann, bis man es schafft, die Krankheit zu akzeptieren und in das Leben zu integrieren.

Mit meinen Geschichten versuche ich, den Kindern Freude zu machen. Ich mag es, wie die Kinder auf die Geschichten reagieren, ich mag das Strahlen in ihren Augen, ihre blühende Fantasie, wenn sie mir weitere Ideen für neue Geschichten geben, wie sie mitfühlen und aufblühen. Das macht mich glücklich und ich vergesse dabei meine eigene Krankheit. Also liebe Kinder, ich danke euch, denn ihr macht mein Leben bunt und fröhlich.

Tanja Rhyn Zbinden

(geb. 1973) ist Lehrerin, verheiratet und Mutter eines Sohnes. Im Alter von 29 Jahren wurde bei ihr die Krankheit Colitis ulcerosa (eine chronische, meist in Schüben verlaufende Darmentzündung) festgestellt. Sie unterrichtet Kinder in der Schule. In ihrer Freizeit schreibt, komponiert und malt sie mit Freude. Ihre Geschichte über Sabi schrieb und malte sie von Herzen für Kinder mit einer chronischen Erkrankung, um ihnen dabei zu helfen, ihr Leiden zu akzeptieren und ins eigene Leben zu integrieren.

Mit freundlicher Unterstützung von:

SMCCV, Schweizerische Morbus Crohn / Colitis ulcerosa Vereinigung,
CH-5000 Aarau

www.smccv.ch